JN437849

# 동화시편

동화시편

초판 1쇄 인쇄 2020년 6월 25일
초판 1쇄 발행 2020년 6월 30일

지은이 | 서병준
펴낸이 | 김경옥
디자인 | 류요한
펴낸곳 | 도서출판 온북스

등록번호 | 제 312-2003-000042호
등록일 | 2003년 8월 14일
주소 | 서울시 은평구 은평로 194-6, 502호
전화 | 02-2263-0360
팩스 | 02-2274-4602

ISBN 978-89-92364-05-8 03810

# 동화시편

서병준 시집

온북스
ONBOOKS

젊은 시절 꿈 꾸어왔던 詩를 버리고 살아오는 동안에도 마음으로는 늘 詩人이고 싶었다.
어느덧 나이 들어 희수에 이르고 보니 그간 소원했던 시에 대해 미안한 마음이 태산이다.
50년 넘게 접어두었던 노트를 펼치고 낡고 빛바랜 학창시절 기록들을 정리해두려다가 문득 더 늦기 전에 주변 친구들에게 하고 싶은 이야기들이 생각났다.
손편지로 안부를 묻던 어릴 적 동무들, 떼를 지어 몰려다니며 되지도 않은 문학얘기로 술안주를 삼았던 학창시절 文友, 만날 때마다 게으른 나를 채근해주던 문예반 아우들, 퇴직 후 10여년 동안 예술의 전당 서예아카데미를 함께 수학한 書友, 누구보다도 詩人이 되라고 격려해주는 가족들에게 부끄러운 답장을 쓰기로 했다.
돌이켜보면 살아오는 동안 참으로 많은 인연들을 만나서 교류하고 사랑하고 또 허무하게 떠나보냈다.
언제나 글씨건 詩건 그림이건 간에 졸작의 맨 처음 독자요 평론가셨던 어머니를 보내드리고 형님조차 노쇠해지면서 곁을 떠나간 인연들에게 살갑지 못했던 자신 때문에 후회하게 되는 일이 한 두 가지가 아니었음을 새삼 깨닫게 되었다.
이번에 부끄러운 拙稿를 묶도록 용기를 갖게 된 것은 전적으로 松籟님 때문이다. 고려대 재학시절부터 늘 열정적 문학도였던 선배를 50년만에 다시 만나 옛날을 회상하던 중에 얼마 남지 않은 인생, 차를 마시듯이 살아가는 이야기나 하자고 해서 어줍지 않게 시작하게 된 일이다.
더없이 고맙고 감사할 뿐이다.

보잘 것 없는 시집은 테마 별로 나누고 학창시절 발표했던 몇 작품을 부록 형식으로 붙였다.
표지 사진은 사진작가로 활동 중인 아내 吳桂煥의 작품이다.
그동안 평생토록 詩的 상상력을 공유하도록 도와준 멀리 있어도 형제 같은 친구 오탁번과 언제나 못난 작은 오빠를 후원하고 있는 동생 경온에게 쑥스럽지만 고마운 인사를 전한다.

경자년 봄 서초동에서 **서병준**

시인의 말 _004

## 1부 | 봄 꿈을 꾸다

봄 꿈을 꾸다 _014
춘설
봄편지 _018
입춘
산방 _021
너도바람꽃
閏四月 _024
봄비 그친 후
기상나팔을 부는 아침 _027
5월
장미 _030
고향

## 2부 | 세월에 기대어

세월 _034
저녁풍경
장마 _038
처서
가을 _041
입동
겨울풍경 _044
눈
동지 _047
고흐의 그림
꿈 _050
하얀 발
사랑을 위한 변명 _053
달빛

총명 잃어가기 _057
저녁바다에서
제천 _061
동무생각
行草반 친구들 _064
영주댐
모네의 햇살 _067
제천사투리
의림지 기억 _071
좋은 모임
蘭 _074
동화시편(III)
생태찌개 _077
芝薰에 대한 기억
아마도 그대는 _082

## 3부 | 老年의 詩

老年의 詩 _084
다리미질
어머니 1 _088
어머니 2
막내이모 _092
문래동 기억
인디안식 이름 _096
사랑연습
일기 _100
사진 속의 나
육필원고 _103
문인화 수업
藝殿의 예전 감나무 _107
아내가 찍는 사진
회색 도시 _111
기도

## 4부 | 시드니의 저녁산책


비자나무 숲 _116
하동여행
삽시도 아침 바다 _121
백담사에서
시드니의 저녁 산책 _125
양치기들의 교회
마추픽추 _129
마야를 만나다
간지스 강 뱃놀이 _134
노르웨이 숲
우로스 섬 _139
포카리 日出
여름궁전의 애국가 _143
아 아프리카

## 5부 | 童話詩篇

山 _148
갈잎의 노래
상실이후 _150
누이의 房은
제 5계절 _154
江 가에서
意志의 날개로 _157
童話詩篇
歸 路 _160
臥 床 吟
山中小曲 _164
인으로민 피는 밝은 불씨를
램프를 켜고 _170

추천의 말 _172

1부

# 봄 꿈을 꾸다

# 봄 꿈을 꾸다

봄꿈을 꾸며 뒤척이다가
장주莊周의 나비를 만났다
봄이 꿈이 되고 꿈이 봄이 되어
팔랑팔랑 춤추다가
우수 지나 풀린 강물에
풍덩 빠져버렸다

앞 논에 차나락 메나락 씨 뿌리고
돌아서
어질머리 아지랑이 피어오르는 들판에
종달새 되었다가
민들레 꽃술 사이에 숨었다가
그림자에게 들켜 술래가 되었다
'나 잡아봐라'
술래가 나비가 되었다
희희낙락 노닐다가
꽃이 되었다

정월 이월 지내고 춘삼월 꽃이 되었다

꽃바람 속에 잠이 들어 꿈을 꾸었다
봄바람에 실려 홀씨가 되어 날았다
훨훨 날아 다시 나비가 되었다

봄 꿈 깨어나 보니
장주도 나비도 날아가 버렸다

뜰 앞에 핀 목련이 환하게 웃고 있었다

# 춘설

웃자란 보리 이랑을
봄눈이 덮고 있다

입춘 지나 이맘때면
들판에 벌써 아지랑이 피어날텐데
겨우내 텃밭 지킨
민들레 노란 꽃잎도
하얀 눈밭에 갇혀 버렸다

언 땅에서
시샘추위 견디고
그윽한 향기로 피어난 홍매화
차가운 입맞춤에 부끄럼 타네

참새 두 마리
뜰 앞에 폴짝 날아와 앉아
봄노래하고

옷섶 파고들던 봄바람이

산등성 넘어

먼 들녘으로

내달아 간다.

# 봄편지

冠省除禮하고

이 아침
화창한 봄볕 가득 담아
텃밭 한 뙈기 일구고 있소
겨우내 얼었던 땅이 녹아서
흙내음조차 부드럽다오

메마른 마음의 흙을 파서
포실포실 이랑을 고르고
북을 돋우어 갖가지 씨앗을 뿌리려하오
이제 봄비 내려 새싹 움트면
연두색 세상 열릴 것이오

텃밭 한 편에 꽃밭을 꾸며
향기 좋은 꽃도 가꿀 참이요

어쩌면 하늘이 저리도 맑아
얼굴이 비칠듯하오
멀리 있어도
언제나 함께인 당신 생각에
봄날 하루가 삼년 같구려

不備再拜

# 입춘

율곡栗谷선생 시가 아니라도
매화등걸에는
싱그러운
봄소식이 묻어있다.

산바람이 시려
엊저녁 술이 과 했나

아무래도 눈 속에 핀 매화는
그림이다.

# 산방

소소한 바람 불어
살랑살랑
풍경風磬을 흔들어 주는
山寺의 오정 무렵

볕 바른 툇마루엔
고양이가 졸고 있다

입춘 지나
앞 여울은
졸 졸 졸

이끼 낀 바위 아래
버들치 하품을 한다

저것 좀 봐
이슬 먹은 풀잎이 기지개 켜고

꿀벌들 어지럽게
윙윙 나르며
부지런히 꽃잎과 입 맞추네

꾀꼬리 한 쌍
꽃 향기 취해 뜰 앞에 내려앉았다

# 너도바람꽃

봄 오면 소백산자락 야생화 잔치에
맨 먼저 피는 꽃은 너도바람꽃
허리를 숙여야만 찾을 수 있는
가녀린 꽃이파리
바람에 흔들려 자라
이름조차 '너도바람꽃'
바람 따라 꽃 찾아 나선
나도 바람꽃

# 閏四月

자주색 고구마순
푸르게 자라고
청보리 밭이랑에서
푸드득 장끼가 난다

옷깃 파고드는
봄바람에
처녀들 가슴에도 바람 들겠다

산촌마다
꽃물 드는 산그늘에
윙윙윙 꿀벌들 꽃 찾아 날고
앞 여울 물소리도
음율 맞추네

양지쪽에서
아침 내내 졸고 있는 햇님

# 봄비 그친 후

봄이면
떠났던 것들이 돌아온다
죽었던 들풀 돋아나고
사라졌던 꽃들도 다시 핀다

봄비에 젖은 대지의 기운이
풀잎 혈관을 타고 올라
겨우내 숨어있던 가지마다
숨 가쁘게 꽃을 피우고
싱그러운 잎을 키워낸다

오 신비로운 계절이여

물과 바람이 그러하듯
자연에서 소멸되는 것은 없다
보이지 않아도 쉬지 않고 자라며
변화하고 있을 뿐이지

봄비 그치면
창가에 고쳐 앉아
찬란하게 시작되는
봄의 교향악에
잠시 취해 보자

# 기상나팔을 부는 아침

비로소
우리의 귀는 맑게 트이고

창문마다 출렁이는 꽃들의
합창소리를 듣는다

밤새
산맥을 넘어온 바람이
창문으로 스며들어
게으른 우리의 아침을
힐책하고 있다.

작은 나뭇가지를 뚫고
세상에 나온
이슬도
일렁이는 지구의 자전自轉에 놀라
집을 나선 후

높은

빌딩가를 향해

기상나팔을 불고 있다

# 5월

오월은
눈빛조차
초록이다

꽃보다
찬란한
신록의 계절

나른한 오후는
게으른
행복이다

# 장미

레지오 마리에 모임에 다녀온 아내가
붉은 장미 한 송이
식탁에 꽂아두었다

아내는 성모님의 군대이다
계급없는 군인
용감하진 않지만
성실한 전사다

붉은 장미보다
더 밝은 아침이
우리 식탁에 앉아 있다

## 고향

서울을 버리고
달아나려다가
우면산
저녁노을에게 들키고 말았다

문득
눈이 부셔
창밖에 멈춰 선
기억 속으로
차근차근 물들어 흩어지는 저녁연기.

때문일까

하마
고향은 세월에 취해
잠들어 있다

바람을 볼 수는 없지만
만질 수 있듯이
추억을 다시 만들지는 못해도
찾아갈 수 있어서

밤마다
꿈결마다
나이를 앓고 있다

2 부

# 세월에 기대어

# 세월

책상위에 우두커니 남아있는
낡은 시간이
은발의 노래에 젖는다

우리는 하릴없이
세월과 마주앉아
인생 얘기를 나누고 있다

아침 햇살은
찬란했던 기억으로 남아
액자처럼 거실 벽에 걸려있다

미덥지 않던 시간들이
어느새
노을빛 너머로 기울고

눈을 감아야 보이는
당신의 모습

또 하루 사라지고 있네

# 저녁풍경

배롱나무 꽃가지 그늘
더위에 지친 오후가
하릴없이 졸고 있다.

해거름녘
여울에 비친 저녁 햇살이
욜랑거리며
유년의 기억을
사부작 사부작
흔들고 있네

언제부턴가
세월을
동무삼아
마을 어귀를 어슬렁거리는
소용없는 버릇이 남아

또 하루를 주섬주섬 거두고 있는
윤기 가신
노년의 시간

노을아래 맴돌며 날아드는
잠자리떼 마냥
저녁이 어지럽다

# 장마

하늘에는
무슨 설움이 그리도 많아
눅눅한 사흘 낮 밤을
저리도
서럽게 울부짖고 있을까

# 처서

백일홍 분홍 꽃잎에 기대어
저녁 햇살이
혜설픈 잠에 취했다

시간의 이랑 속으로
시나브로 사위어가는
젊음의 기억

느티나무 그늘
쓰르라미는 지치지도 않고
종일토록 운다.

세월의 자취만
소도록이 남겨두고 떠나버린
빈자리에
우두커니 서있는
하루

들꽃 흐드러지게 피고 지는 줄도 모르고
한 여름을 보내고 말았네

어느새
가을이
사립문 밖에
손짓하며 서 있다

# 가을

원서헌* 주인의 서재에는
하마
난로가 타고 있다

아직
상강霜降이 이르지만
애련리 아침햇살보다
주인 내외 입김이 더 따습다

이끼 핀 담벼락에서 뚝뚝
떨어지는 담쟁이
타는 낙엽에서
고향냄새가 난다

우리들의 가난했던 기억과
산골아이들의 재잘거림이
풍금소리에 묻혀
교실 한쪽 벽에

시집으로 꽂혀있다.

원서천 여울목으로
길경 꽃 빛 구월이
속절없이 저물고 있다

* **遠西軒** : 제천시 백운면 오탁번의 시골 거처

# 입동

은행잎
흐드러지게 떨어지고 나면
텅 빈 하늘
향나무 그림자는
두 배로 자란다

녀석은 점점 커져
내 집 뜰 앞까지 쳐들어와서
하얀 서릿 마당에
기다랗게 겨울 그림을 그려놓고는
휘적휘적
팔자걸음을 하며
동네어귀로 걸어 나간다

# 겨울풍경

눈 내리면
댓잎 더욱 푸르다

뚝뚝 떨어지는
동백꽃송이
노랑 꽃술이
핏빛 꽃잎보다 더 슬프다

봄은
아직 동구 밖
멀리에 있고
숲에 남은
겨울바람에
귓불 사뭇 시리다

# 눈

함박눈 쏟아지는
겨울바다를 보았는가

하늘 가득히
광란의 몸짓으로 춤추며
검푸른 바다로 장렬하게 자결하는
순백의 전사들

소리 없이 내려와
노도怒濤조차 삼켜버리는
화려한 군무에
바다는 이내 압도당한다

감춰야할 것도 숨길 것도 없이
맨살을 비벼대며
깊이조차 알 수 없는 망각 속으로
끝없이 부서지는
은빛의 임종

겨울 바다는
소리쳐 울고 싶은 감격이다

위선과 허영의 이력履歷을 감추고
어지럽게 비틀거리며
밤바다의 거친 살 속으로

함박눈
그칠 줄 모르고
익사하고 있다

# 동지

마른가지에
아침햇살이 걸렸다

눈 녹은
앞마당에
참새가
포동포동 살찌겠네

# 고흐의 그림

빈센트 반 고흐의
'별이 빛나는 밤'에 앉아
이문세가 부르는 '광화문 연가'를 듣는다

고흐의 그림 속에는
정원에 꽃이 피고
새가 울고
초원의 빛이 퍼지고
바람 부는 들녘에서
싱그럽게 나무들이 자라고 있지만

귀 잘린 자화상에는
피가 흐르지 않는다

행여 소리가 들릴까
그림 속을 뒤지며
꽃잎 터지는 소리를 찾고 있는
남루한 나의 정서

여름만 무성한 고흐의 그림 속에

오롯이 앉아

눈 없는 이 겨울

하늘로 올라가는 눈을 그리며

목 메이게

추억을 부르는

가수의 연가가 구성지다

# 꿈

그대를 보기 위해
눈을 감는다
그대 소리 들으려
귀를 막는다
그대에게 말하려고
입을 다문다

불면으로
헤매는 밤마다
다시 찾아 나서는
낯선 도시로의 여행

흑백사진으로 인화된
아침
그대는 어디에도 없다

# 하얀 발

우리 딸 동갑내기 골프선수
아메리카 낯선 땅에서
세계와 겨루는 결승전에 나섰을 때
양말 벗어 들어난 하얀 발을 보며
가슴 아파
몰래 울었다

모질게 다듬어
검붉게 그을린 종아리아래 감춰두었던
무구한 인고의 자취
그 아픈 시간이 적나라하게 폭로되는 순간
우리는 숙연하여 침묵할 수밖에 없었다

그것은 꿈에 묶여 절제된
젊음의 확고한 증거이며
조국을 향해 토해내는
무언의 웅변이었다
애국가보다 더 벅찬 설레임이었다

울컥 치미는 까닭 모를 눈물을
애써 감추며
울음은 슬플 때만의 감정이 아니라는 걸
새삼스레 깨달은
반백 넘긴 나이

그렁그렁
젖은 눈시울 숨기기 위해
기쁨도 잊고 말도 잊은 채
돌아서서
메마른 하늘만 응시하고 있었다

## 사랑을 위한 변명

사랑했다는 것은 이미 사랑이 아니다
사랑은 언제나 현재진행형이기 때문이다

사랑은 오래 참을 수 없다
재채기처럼 숨길 수도
감출 수도 없는 까닭이다

사랑은 결코 온유하지 않으며
시기할 수밖에 없고
어떤 수사로도 대치될 수 없다
사랑은 오직 사랑만으로
증거되어야 하니까

이미 떠나버린 사람에게 사랑을
말할 수 없듯이
지금 사랑하고 있는 이에게도
말로는 설명할 수 없다

'미워지도록 사랑한다'는 말은 시인의 허사이다

사랑은 사전에서 정의될 단어가 아니라
오직 가슴에서 타오르는 불꽃인 것이다

사랑은
명사가 아니라 동사의 어간이어야 하며
때로 형용사가 되어야한다

사랑은 그냥
사랑이어야 하는 까닭에.

# 달빛

대보름 하얀 달빛
처마 끝에 매달린 고드름 속에
고운 프리즘으로 빛나는
무지개를 그렸다

달집 타는 솔잎연기에서
고향 냄새가 피어난다

아이들이
동구 밖으로 몰려나와
'대보름날 망월이요'소리 높이고
술잔에 빠져 있던 달님이
찰랑찰랑 자맥질 한다

때 이른
꽃샘바람에
고뿔 들면 어쩌나

보름달
가시나무 울타리 넘어
더 높이
빈 하늘로 오르고 있다

# 총명 잃어가기

삶의 의미를 깨닫고 늙어가는 사람이
얼마나 될까
우리가 살아온 오늘 하루는
그저 살아온 게 아니라
사실은 죽어 온 시간이었음을 생각이나 했을까

'가는귀가 먹어서 오는 소리를 못 듣는'*
이순耳順을 지나면
총명을 잃어가는 게 당연한 일

한문학 강의하던 운정선생** 허스키 목청으로
귀 밝을 총聰 눈 밝을 명明
'잘 듣고 잘 보아야 총명하다' 했으니

멀리 보이는 게
더 아름답고
작은 소리 큰 귀로 들어야하는
나이이다

늙는다는 것은
내가 사랑하는 것들을
시나브로 떠나보내는 것
괴다가 뛰다가
만질 수도 없는 시간
즐겁게 살아도 모자라는 그 가치의 소중함을
다시 새길 일이다

어디에나 스며드는 물처럼
어디서나 움직이는 바람처럼
쉴 새 없이 변신하는 구름같이
발길 닿는 곳마다
변화하는 세월에 마음이 함께하도록
남은 여정을 위한
새로운 시간표를 마련할 때이니

* 오탁번의 시
** 운정(云丁) 김춘동 교수

# 저녁바다에서

그대여 오늘도 나는
까치노을 지는 저녁바다에서
소용없이 고향 노래를 부릅니다

언제라도 가뭇없이 사라지는
바람이 되고 싶어
사치스레 젊음을 보내고
민들레 씨앗처럼 가벼워진
일흔 나이에
수묵화로 오두마니 마음에 남은
시름을 달래고 있습니다

밤낮을 쉬지 않고
추억을 토해내는 성난 파도와
수평선 넘나드는 구름과 놀다가
어스름 저녁이 되면

시인들이 쓰다버린 시어詩語들을
주섬주섬 주워
별들에게 편지를 씁니다

용서할 수 없는 그리움 탓에
밤마다 꿈길에서 만나는
사랑의 기억을
가슴시린 일상으로 갈무리하며

돌아오지 못할
몹쓸 세월의 가슴앓이에
차츰 차츰 사위어 가는
시간여행을 나서곤 한답니다

# 제천

6·25 피난길에
잠시 내린 제천역에는
대합실도 없었다.

일곱 살
동상을 앓는
발가락이 가려워
언니랑 나는
밤새 울었다.

# 동무생각

아침 커피를 내리다가
문득
시골 동무들을 생각 한다

6·25 피난길에
제천에서 만나
'아이 엠 어 보이 유 아 마이 프랜드'
60년 넘게 동무로 지내온
시간들이 그리워
재잘거리는 환청을 따라
아스라이 기억을 더듬으며
'완스 어 포너 타임'

해 저물도록 함께 뛰놀던
안 모산 들녘이
그리워 돌아가고파

이 아침
가을비 내리는 창가에서
가슴을 앓는다.

안경 너머로 가뭇하게 밀려드는
우리들의 소년시절이
커피향만큼이나
우련하게
피어오르고 있다

# 行草반 친구들

예술의 전당 서예아카데미 행초반에는
행서 초서 배우는 열여섯의 회원이 있다
오촌梧邨선생은 지난해 미수米壽를 맞아
성대한 전시회를 열었고
10년 넘게 오체五體를 두루 익힌 유당留堂과
새로 입회한 문원文園은
올 봄 박사학위를 받았다.
우리의 선생 취묵헌醉墨軒과 동갑내기 여송如松은
한묵만큼이나
약주에 취하기를 즐겨
함께하는 우리 모두는
언제나 즐겁다

좋은 친구들은 항상 밤하늘의 별과 같아서
어둠속에서 더욱 빛이 나지

맘씨 고운
소천昭天 난원蘭園 담연淡淵 처럼
해서楷書 거쳐 전서篆書 예서隸書 쓰다가도
다시 행초반으로 모이는
우리는
만나서 점심 함께 먹는
밥 친구들이다

# 영주댐

영주댐이 생기면서
모래톱에 알을 낳고 살던
흰목물떼새가 떠났다.
봉화군 아래로 흐르는 내성천
흰수마자*도 사라지고 있다네

구름 한 점 없이 맑은
겨울하늘
찬바람에 얼어붙은 여울 밑으로
봄이 스멀스멀 기지개를 켜지만
텃새도 물고기도 다시 볼 수 없을
영주의 봄

이 아침
마음이 시리다

* **흰수마자** : 잉어과의 민물고기

## 모네의 햇살

- 전당 전시회에서

아침 안개 걷히면
잘 마른 햇살이 창문 가득 쏟아져 내린다
주워 담을 수 없는 남루한 생각조차
반짝이는 날개를 달고
눈부시게 날아 오른다

햇빛은
이내 숲속을 어른거리다가
잎 너른 나무 드높은 하늘까지
호수의 흰 물결 안에 가두어 놓고
눈 비비며 다시 일어나
도시의 회색밀림 속으로 돌진한다

그림자를 이끌고 왈츠를 추면서
삭막한 거리 빌딩 창문마다
알록달록 화사한 꽃을 피우고 있다

지구에서 움직이는 모든 것을 쫓아 다니며
시시각각 반사하여
새로운 세상을 꾸며내는
모네의 햇빛

벽에 걸린
액자마저 환하게 빛이 난다

클로드 모네의 그림은
가까이서 보아야 좋다

환한 햇빛이 보이도록

# 제천사투리

"도랑가새 까시덤페이 밑창에 장끼가 살살 기구
그 여분댕이에 까투리두 있네유 거기가 가덜 집인가비유"*

제천사투리로 듣는 봄 풍경이 살갑기만 하다

사전을 찾아봐도 알 수 없는 제천말씨는
느릿느릿 늘어지는 충주쪽 사투리가
박달재 다릿재 숨가쁘게 넘어와
의림지 어디쯤 머물렀다가
죽령 새재 넘지 못해 경상도로 가지 못하고
강원도 정선 아라리 가락에 취해
돌아들어 청풍호 장회나루에서 맴돌고 있는
토박이 말이다

글로 써서는 알아챌 수 없는 억양이
끼리끼리만 통하는 비밀번호 같고
나의 말도 남의 말로 바꿔 말하는
타동사가 매력적이다

중앙선 충북선 열차에 실려 외지로 떠나고
새로 뚫린 고속도로 타고 뿔뿔이 흩어져서
이제는 희미하게 사라져가는
제천 사투리

아직도 송학면 어딘가에서
"어머이 감낭구 수내기에 달 걸렸구먼유
가을 온기 아니래유"**
정다운 시들이 쏟아지고
가난해도 행복했던 옛 이야기들이
구수한 사투리로
마을회관을 지키고 있을 것이다

* 도랑가 가시덤불 밑에는 장끼가 살살 기고 그 옆에는 까투리가 있네요. 거기가 그들의 집인가 봐요.

** 어머니 감나무 순 끝에 달이 걸렸네요 가을이 온거 아니예요?
출처 김동원 저 '청풍명월 사투리만세'

# 의림지 기억

1

신라시대 우륵이 쌓았다는
의림지에는
천년 왕조 용궁이 있다

용왕나라에는 씨알 굵은 붕어들과
속 비치는 공어 떼들이
가야금 가락에 맞춰 아침마다 국민체조를 하고
둑 위에 천년 노송이 이열횡대로 서서
호수위에서 벌이는 물오리 열병식을
사열하고 있다

용두산 샘터를 떠나
천년 넘게 쉬지 않고 넘쳐난 물이
폭포로 떨어져
뒤뜰 너른 벌판을 흐르고
청전리 작은 못에 다시 고여
제천의 학교마다 교가 노랫말이 되었다

2

중학교 때 국어선생 별명은 '모산 붕어'
배불뚝이 권 선생님
도수 높은 안경알 속에는
뱅글뱅글
씨알 굵은 붕어들이
어지러이 맴을 돌곤 하였다

모산은 의림지
제천사람들을 의림지를 모산이라 부른다
안모산 밖모산
너른 모산

의림지에 가면
지금은 하늘에 계실 모산 붕어 선생님
소월 시 읊는 소리를 들을 수 있다

# 좋은 모임

우리들 모임 이름은 '좋은 모임'이다 삼십년 전 친구들이 하나 둘씩 모여 부르기 시작한 이름 좋은 모임. 저녁모임을 위해 약속된 식당에서 좋은 모임을 물었더니 좋은 모임이 어디 한 두 곳이냐며 세상의 모임은 모두가 좋은 모임이라고 핀잔을 준다.
정말로 좋은 모임이 또 있을까, 정말로 좋은 친구가 우리 말고 또 있을까...

# 蘭

요새는 난초가 너무 흔해서 나리들 인사철만 되면 직장마다 꽃집마다 몸살을 앓는다지만 사실 蘭처럼 까다로움을 축하 인사로 주고받는 건 사치랄 수도 없다 난초蘭草인지 혜초蕙草인지 소심인지 보세인지 이름도 성미도 모른 채 보내고 받아두는 위선과 온도나 습도도 헤아리지 않고 덤벙덤벙 목욕물에 담겨지는 속절없는 인간의 허영에 난초는 그저 황당할 뿐이다

蘭보다도
담겨진 화분 그림이 더 난초다운
우리들 일상에서

난초의 정절은
쉴 새 없이 유린 당하고 있다

# 동화시편(Ⅲ)

대보름날이면 큰댁 대청마루에 모이는
사촌 형제들의 웃음소리

겨울의 끝자락
액막이연에 실어 보낸 추억이랑
달집 태우는 연기 속에 아른거리는
어렸을 적 기억이
헛제삿밥 마냥 허허롭다.

언제인가 꿈 이런가
하염없이 헤매다가
내가 찾아낸 것은
회색빛 겨울하늘에
가뭇하게 어른대는 유년의 초상

앙상한
겨울나무 가지에 걸린
가난한 정서가

밤마다 꿈마다
집을 나서

세월의 바다에
정처 없이 표류하고 있다

# 생태찌개

눈 내리는 날이면
얼큰한 생태찌개 먹고싶다

엘리뇨 파도에 쫓겨
속초 고성 간성 앞바다
아니 대한민국 동쪽바다에서
명태 씨가 마른 후
명천리 사는 태서방이 처음 잡아
明太가 되었다는 그 명태는
생태로도 동태로도 노가리도 풀지 못하고
서울에는 살아 있지도 않은 생태가 되어
겨울 눈 오는 저녁이면
저녁 식탁을 호사 시키네

용대리 덕장에 널린 먹태가 황태가 되고
오오츠크 산 동태조차 국산 북어로 말리어진데다
이웃나라 원전사고 덕분에 진짜 생태는
맘 놓고 먹지 못하게 되었지

속초 사는 태서방이 키운 속태라도 좋고
고성 어부 잡아온 고태라도 좋으니
겨울 무 숭덩숭덩 썰고
청양고추 붉은 양념 듬뿍 넣어 끓인
생태찌개
매큼하게 먹고 싶다

# 芝薰에 대한 기억

芝薰은
1968년 마흔여덟에 이승을 떠나
남양주 현무봉 줄기 어머님 곁에 잠들어 계신다

시인이 떠나고 삼십년 되던
경진년 봄
부인 김난희 여사가
난초 그림에 지훈의 시를 궁체로 곱게 적어
시화전을 열었다.

생전에 선생이 남긴 업적을 기리면서
'모두가 모여 헹가레 친 후 아무도 받아주지 않아'
안타까워했던
후학 오탁번이 마련한 전시회에서
늘빛* 여사는 고운 한복 차림으로 맞이하며
성북동 시절을 회상했다.

우리가 입학한 1963년
선배들을 따라 조동탁趙東卓 지도교수댁을 찾았을 때
선생은 막걸리 한 동이 내어주시며
'주도유단酒道有段'을 설파하셨다
하지만 학기 내내 '시론 및 연습'강의는 듣지 못했다.
시인은 이미 '관주關酒'**에 이르러
'설핏한 저녁 햇살 아래 내가 올라타고 풀피리를 희롱할
한 마리 소'를 찾고 계셨던 것 같다.

지금 성북동 선생의 집터는
'방우산장放牛山莊'으로 남고
지훈의 시는 고전이 되어
청록파 전집 속에 묶여있다.

고려대 개교 백주년을 기리며 우리가 세운 지훈시비에
'늬들 마음 내가 안다'던
스승의 속마음을
이제야 헤아릴 것 같다.

'바위는 제자리에 움쩍 않노니
푸른 이끼 입음이 자랑스러라'***

선생께서 떠나신지 어언 50년이 지났다.

* **늘빛** : 김난희 여사의 호

** **關酒** : 지훈의 주도9단 중 8단 술을 즐기면서도 마시지 못하게 된 사람. 酒宗이라고도 한다.

*** 山房 일부

# 아마도 그대는

그대 떠난 후에도
눈길 주는 풍경마다 그대가 있었다

앞뜰 꽃가지를 흔드는 바람
새벽부터 먹이를 나르는 부지런한 새
혹은 계절 따라 피고지는 꽃
어쩌면 소나기 그친 뒤의 무지개

그러나 아마도 그대는
별이 되었을 거다

여전히 바람 불고
산새가 지저귀고
철따라 꽃이 피고
무지개가 뜨는 세상 속에서

그리움으로 점점 짙어지는 밤하늘
깜깜할수록 더욱 빛나는
별 하나 오래도록 바라보며 산다.

# 3부

# 老年의 詩

# 老年의 詩

노년의 시는 겨울나무다.
세월의 때 덕지덕지 묻은 잎을 모두 떨구고
앙상한 뼈로 남아
상고대로 서있는 나무

그루터기 마다에
동심원으로
죽어있는
투명한 시름이다

보석처럼 반짝거리는 유년의 꿈과
덧없이 잊혀져간 젊음의 시절

노년의 詩는
사랑방 어르신의 헛기침소리처럼
허허롭고

저녁 바람에 흔들리는 풍경소리
살얼음 밑을 촐랑이며
흐르는 여울마냥
가녀리다

메마른 겨울하늘
어느새
저녁 해도
마른나무 가지에 찔려
비껴가고 있다

# 다리미질

아내는 아침마다
구겨진 나의 하루를 다리미질한다
종일토록
세상의 모든 먼지와 찌든 웃음으로
얼룩진 시간은 물론
꼬깃꼬깃 구겨진
내 감정의 주름까지

아내는 입으로
사랑을 말하라하고
나는 가슴으로 느끼려하네

다려도
다려도
펴지지 않는 사십년 세월 흔적을
무엇으로
지울 수 있을까나

오늘도
나의 일상은
미세먼지에
갇혀있는데

# 어머니 1

강릉江陵 김金씨 우리 어머니는
아흔 넷 되시던 해에
막내딸의 시*가 되어 하늘나라로 가셨다.

미수米壽를 지내면서
세이브 더 칠드런 아기들을 위해 털모자를 뜨시느라
손목 터널 증후군으로 아파 하셨어.

절절한 삶의 기억을 실타래로 풀어내고
굽이굽이 구십 평생의 아픔을
한 바늘 한 바늘 다시 엮어서

얼룩진 세월은 물론
꼬깃꼬깃 구겨진 감정의 주름조차
빨강 노랑 색색으로 입혀
꽃보다도 화려하게 꾸며내셨다

섣달그믐께
까치설 기다리던 새벽
어머니의 아기 털모자는
나비가 되고
새가 되고 희망이 되어
파아란 겨울하늘로
훨훨 날아갔지.

詩가 되신 어머니는
해마다 설날이면
우리 식탁의 기도로 다시 오시네.

* 서경온 시집 '흰꽃도 푸르다'

# 어머니 2

어머니가 담그시는
나박김치에는
뽀얀 잣알이 동동 떠있다

나박나박
우표크기 만큼 썬 무와 배추
소금에 살짝 절인 다음
파란 미나리 실파 곁들이고

고춧가루가 곱지 않으면
상스럽다시며
면포에 거른 후
실고추 띄워 마무리하셨지

가난이 재산이고 미덕이던 시절
우리들은 언제나 배고팠지만

허기진 식욕을
모네의 그림같이 채색된 식탁으로 꾸미시던
어머니는
인상주의 화가셨다

세월이 지난다고 모든 게 사라지지 않는다
발효의 시간을 견디면
새로운 맛으로 태어나는 법

아침 식탁에 오른
나박김치에
어머니 기억이
분홍빛으로 담겨져 있다

# 막내이모

막내 이모*는
'애국가를 부르는 뉴요커'**이다

'서울의 봄'이 오기 전 미국으로 떠나
뉴욕에 살면서
40년째 망향가를 부르는 시인이다

이모의 시에는
마디마디 가슴시린 사연이 숨어있고
사무친 모국어의
절제된 향수가 배어있다

백남준 선생의 장례식 뉴스화면에서
이모의 모습을 보았을 때
우리들은
그동안 눈물겨웠을 이역생활을 가늠하면서
연민조차 자랑스러워 벅차오르는
감회를 숨길 수 없었다

기쁘지만 왠지 서럽고
장하지만 목메어 눈물겨웠다

지금도
뉴욕의 글동네에는
고국이 그리운 한국인들이 모여 들고
이모는
'오늘도 시 앞에서 엎드려 울고' 있을 것이다
'시 앞에 사람이 보이면 시는 죽는다'고 하셨지만
팔순 넘긴 시인의 구구절절에서
되살아나는
이모의 체취를 물씬 느끼고 있다

설날 아침
식구들 모여앉아
이모의 시집을  다시 펼친다

* **김정기** : 미 동부 한국문인협회 회장. 중앙일보 시문교실, 글동네 운영
** **'애국가를 부르는 뉴요커'** : 이모의 에세이집

# 문래동 기억

6·25사변 전 영등포 문래동에 살았다
5백 채 공무원 관사에는 집집마다 토탄 타는 냄새가 동네 어귀까지 퍼지고 조무래기들은 구로리 과자공장에서 피어오르는 굴뚝연기를 신기하게 보면서 안양천에서 송사리를 잡거나 방죽을 이리저리 뛰어다니며 병정놀이로 해지는 줄 몰랐다 동네 입구에는 '아메다마'와 '셈베'를 파는 '사치코'네 가게가 있고 맞은편에 식구 많은 김씨네 일본식 목욕탕이 있었다
아침이면 나는 아홉 살 언니 따라 미군부대 앞 행길 건너 학교에 다녔다
소사로 이어지는 경인가도에 버드나무 포플러 가로수가 이어지고 양평동쪽 목동가는 고샅에 오이 호박 채소 가꾸는 중국사람 농장이 있었는데 천칭저울처럼 생긴 지게를 한쪽 어깨에 멘 짱꼴라 여주인이 쏼라쏼라. 다섯인지 여섯인지 되는 아이들을 콩팔칠팔 나무라곤 하여 혼자서 심부름 가기가 무서웠다
체신부에 다니셨던 아버지는 세종로에서 퇴근길에 노량진 전차 종점에 내려 말을 타고 오실 때도 있었

다 가죽 모자와 단추가 줄줄이 달린 승마바지가 엄
청 멋져보였다.
사변 터지고 며칠 후 무던히도 무덥던 날 일곱 살 나
는 검은색 란트셀을 병정처럼 메고 복사골 지나 안
산까지 피난길에 나섰다
어머니가 혼수로 마련하신 꽃수 놓은 수저주머니를
보물처럼 간직하고 나흘 동안 아픈 다리를 끌며 다
녔다

사변난지 칠십년 지나 문래동에서 길을 잃었다.
세월도 기억도 잃어버렸다
일곱 살 내 등짐의 전부였던
비단천에 금실로 수놓은 모란꽃무늬 은수저 주머니도
그 사연을 모두 기억하고 계시던
어머니도 잃었다

언니와 나는 일흔 넘어 고아가 되었다

# 인디안식 이름

내 이름을
인디안 식으로 부르면
'웅크린 하늘을 노래하다'이다

그보다 더 싯적인 건
중세식으로
'신의 말을 알아듣는
그의 눈은 마음을 본다'

약봉藥峯할아버지께 받은 성姓도
아버지 다음 항렬行列따라
어머니가 골라서 지어주신
이름 아니고
왜놈들 창씨개명 성화로
잠시 불려 졌다 잊혀진
'오모도 야쓰히로'가 아니지

칠십년도 훨씬 넘겨
지금 인명사전에 전직으로 남아있는
내 이름 아닌
'웅크린 하늘을 노래하다'
좀 길기는 해도
얼마나 멋지고 자유로운가

세상 굴레 벗어놓은
인디안식 이름으로
오늘 하루만 살아볼까 싶다

## 사랑연습

미운 여섯 살 손주 녀석
유치원 졸업식 때
짝궁 여친에게 편지를 썼다
'다나야 사랑해
우리 또 만나자'
삐뚤 빼둘 사연이 맑은 시냇물 같다

환한 얼굴만큼
큼지막한 하트도 그렸다

사랑도 연습이 필요한 것
여섯 살 사랑이 풍선만큼 부풀어
오월의 하늘보다 더 푸르다

사랑도 세월이 지나면서 때론 아플 수 있다는 걸
어찌 알 수 있을까
여섯 살의 약속은 사랑을 위한 연습일테니

썼다가 구겨진 편지가
얼마나 가슴 시린 일인지 모르는
부끄럽고 고운 사랑이
詩보다 더 곱다

# 일기

장지문 틈새로
아침 햇살이 빼꼼이 인사를 한다

눈비비면 쏟아져 들어오는
카톡 사연이
저마다의 인생얘기로 가득하다

사랑할 때는 꽃에 기대고
슬퍼질 때 달에게 하소연하던
우리들 젊은 시절

언제부턴가
휴대전화 화면을 열면서
아침을 맞고
그 속에 갇혀 게으른 시간을 경작하고 있다.

하늘나라로 먼저 떠난 친구들 찾아
밤 하늘 별을 헤는
슬픔조차 잊고 있다

도시의 그늘에 누어
밤마다 실향민이 되는 우리

나는 지금
문득 이정표 없는
은하 여행에서 돌아왔다

# 사진 속의 나

사진 속 나에게
내가 말했다
'그대 젊었구려'

내가 답했다
'그 때 젊었었지'

# 육필원고

우리들 젊었을 적
원고지에 펜글씨로 시 쓰던 시절 있었다

붉은 색 줄 쳐진 칸막이 원고지에
파랑 잉크를 찍어
쓰고 지우고
다시 썼다가 구겨져 버려졌던 시상詩想

편편片片으로 흩날리던
생각의 파편들은
밤새도록 훨훨 날아
세상 밖으로 달아났다가
햇귀 비칠 때 쯤
빼끔이 창문을 열고
찾아오곤 했지

세로로 엮은 시상을
실 핀으로 꿰매면서

비로소
다시 피워 문 담배 연기로
흐려진 눈을 비볐던
그리운 시절

지금도
육필원고를 보면
향수보다 짙은
그리움 북받쳐 오른다

# 문인화 수업

중봉中鋒을 이루지 못한
붓끝으로는 난초 잎을 제대로 칠 수 없다
날렵한 잎새가 아니면
도무지 봉안鳳眼을 뚫을 수 없을뿐더러
담묵淡墨으로 풀어내지 못한다면
단아한 꽃잎으로 피어나지 못하지

갈필渴筆로 꺾어
굽은 매화등걸에는 새 순을 곧게 틔워
팝콘같은 자태의
가녀린 꽃술을 점으로 살려 내야해

댓잎을 칠 때는 힘차면서 절도 있게
바람에 맞서는 풍죽風竹은
옆 줄기에 기대지 않고도 잘 버티도록
하지만 외롭지 않게 그려야지

국화 꽃송이를 꼼꼼이 엮지 않으면
다알리아 꽃처럼 되고 말아

매 란 국 죽
사군자 치고 난 후
보랏빛 등꽃아래 여름을 맞고
가을이 되면
낙락장송도 파초도 조롱박도
포동포동 포도송이도 곁들여
갖가지 채색으로
마음조차 물들여 놓고

오호라 하늘 맑구나 달도 밝고나
선비인 듯 화백이 된 듯
혼자 즐겁네

# 藝殿의 예전 감나무

예술의 전당 너른 마당에 심어졌던 감나무가 베어지면서 예술다움도 전당다움도 함께 사라지기 시작했다 어느 날 포크레인이 쳐들어와 잘 다듬어진 사방 꽃무늬 모자이크 돌바닥을 쪼아내고 대패질한 듯 반듯반듯 화강 방석을 깔아놓더니 까치 감 떨어진 겨울에 얼음판 만들어 군고구마 어묵상점을 열었다 '문화 창달' '예술 중흥' 돌로 새긴 설립 때 통치자 휘호들은 자취마저 감춰졌다
이태리 정원 같던 정문 로비에 장마당 지하 광장을 만들어 식당가 상점가 꾸미고 조각 작품 치워진 오페라하우스 앞 야외 계단 사이사이에 패스트푸드 트럭 배치해 전당錢堂의 모습을 갖췄다
야외극장 옆 산허리를 깎아 소리 나는 연습실 짓기도 전에 서예관 옆 운치 있던 한국 정원은 이미 사라지고 없었다

적폐 청산하고 모습을 바꾼 중앙 광장에 정오가 되면 둥둥둥…

둥근기둥시계 시보에 맞춰 무지개 분수가 왈츠를 추고, 병아리색 스쿨버스 내린 어린이집 아이들 간식 시각을 알리지
층마다 계단마다 꾸며진 서양식 까페에서 에스프레소 진한 향기가 흐드러지게 퍼지고 콘서트홀 의자마다 이름 새긴 금박 글씨가 유난히 빛나 보이네

인생은 짧고 예술은 길다는데
우면산 지하터널 빠져나온 차량행렬 미세먼지 속에 숨 막히는
예술의 전당
감나무 잘려나간 자리에 옛날 예전藝殿의 아쉬운 추억이
예술보다 길게 남고
오지항아리 화분에 심은
코스모스 필 때가 되면
뒷산 까투리 울음도 더 서글피 들리네

# 아내가 찍는 사진

아내가 찍는 사진에는
마이크로 세상이 있다
그 세계는 아름답다
눈으로만 보지 않고 마음으로 읽어야하는
우리들 일상이 옹기종기 모여
시가 되고
웃음이 되고
때로 슬픔이 된다

동트는 산촌의 푸른 운무와
해질녘 해변의 까치놀도
잠시 시간을 멈춘 채
비밀의 정원에 숨어있지
봄바람에 날려
반쯤 남은 민들레 홀씨나
살얼음 밑을 졸졸 흐르는 여울물도
부동자세로 서서
재출발 신호를 기다리고 있다

오디 마크IV 캔버스 안에 채워진
이야기들은
끼리끼리 어울려
동화가 되고 소설도 쓴다

일흔이 넘어서도
미세한 일상을 찾아 헤매는
아내는 이제 10년차 사진작가이다

# 회색 도시

멧비둘기 집 찾아 날아오다
투명한 유리벽에 머리를 박고 죽었다
깃털을 비비던 직박구리 박새도
버드세이버* 피해 고속도로 날아다니더니만
영영 돌아오지 못했다

미세먼지 안개 속으로
가물가물
새들의 영혼이
신기루가 되어 날라 간다

입김 불어 안경알을 닦고
눈 비비고 다시 보아도
끝내 초저녁별은
볼 수가 없다

환하게 비치지만 열 수 없는 門
나가지도 못하는

유리벽에 갇혀
도시의 회색빛 하루가 저물고 있다

* 투명방음벽 등에 붙이는 맹금류 스티커

# 기도

이 아침
환하게 비치는 햇살을
축복으로 느끼게 하소서

거울에 비친 흰머리와 깊어진 주름에
서글퍼 하지 않고
산책길 지팡이의 고마움을
잊지 않게 하소서

비록 지금 모습이 초라할지라도
속임 없이 살아온
세월이 부끄럽지 않고
남기고 떠날 재물이 보잘 것 없어 남루할지라도
나름대로 가꿔온 노력의 소중함으로
간직하게 하소서

하루하루 무료함을 견디게 하는
손주들의 웃음소리를 더욱 크게 하시고

친구들의 휴대전화 사연이
오랫동안 함께 할 수 있도록 도와주소서

남은 시간에 초조해 하지 않고
떠날 때까지 맑은 정신으로
주변을 돌아볼 수 있도록
스스로 견뎌낼 만큼의 의지와
건강을 주소서

덧없이 흐르는 세월의 아쉬움과
날마다 잊혀지고 있다는 슬픔조차도
당신의 섭리로 받아들이도록
항상 깨우치며
감사하는 마음으로 살게 하소서

4 부

# 시드니의 저녁산책

# 비자나무 숲

제주도
비자나무 숲에는
천년 세월이 숨 쉬고 있다.
이끼 낀 숨골사이로
뿌리조차 감추지 못한 채
곶자왈* 거친 세상을 맨몸으로 기고
할퀴어 상처 난 몸집 가늠하며
천년을 살아낸
비자榧子의 역사.

화산 송이** 길 맨발로 걷는
하루 하루 고행으로
씨를 만들고
자라도 자라지 못하고 키워도 크지 못한 잎으로
하늘 향해
비바람 눈보라 견디면서
한라의 이승 저승을
묵묵히 지켜보고 있네

할망도

하르방도

다 알지 못하는 사랑의 비밀

저마다 은밀하게 간직한

구럼비 오름의

슬픈 사연들까지

비자나무 숲은

모두 모두 기억하고 있다네.

* **곶자왈** : 곶과 자갈(돌)을 이르는 제주방언

** **송이** : Scorid 부스러진 화산재

# 하동여행

가을 풍경보다 더 좋은 친구가 있을까
소소하게 부는 가을바람 성화에
서둘러 채비를 한다
지도를 펼쳐보니 천리길이다

고속도로를 따라 전주까지 가는 길은
아파트 밀림과
황금 들판의 안내를 받았다

담양의 죽녹원에서
대숲에 부는 바람
댓 닢 부딪는 소리에 취해
맑은 가을하늘 바라보며
느닷없이
창을 열어두고 듣는 빗소리를 상상했다.

마을 전체가 예스러운 슬로우 시티에서
스물네가지 산나물 비빔밥을 먹었다

갖가지 발효식초 차도 마셨다

가사문학관에 들러
송강松江의 시문보다 일속一粟,학정鶴亭*의 한묵에
한참을 취했다

구례 화엄사는 과연 큰 가람이다
새로 단장한 주련을 살피느라 한나절을 보냈다
장날이 따로 없는 화개장터는
그야말로 난장판이다.
쌍계사 십리길이 곱지 않았으면
관광 책자의 장삿속에 더욱 실망했을 것이다

하동읍내를 두고
청학동 삼성궁을 먼저 찾았다
하늘 꼭대기까지 쌓아올린 성벽의 돌 다루는 솜씨가
마추픽추 잉카인에 못지않다

평사리 최참판댁에서
기념관에 앉아계신
박경리선생을 만났다

길상과 서희는 종일토록 마을을 돌며
관광 가이드가 되었지만
선생은 아직도
검은 대리석에 또박또박 새겨놓은 육필로
말없이
악양면 토지를 통치하고 있었다

* 일속 오명석, 학정 이돈흥. 서예가

# 삽시도 아침 바다

파도는 오늘도
아침 바다에 이랑을 만들고
쉴 새 없는 쟁기질로 북을 돋운다

하얀 거품을 품고 달려드는 해조음
찰싹찰싹
낮은 음계 심포니 악보를 적는다

끼룩대며 몰려 온
물새들은 백사장 모래톱을 돌며
발 도장으로
낙엽모양 무늬를 찍는다

흥건한 소리가 겹겹이 쌓여
악장이 되고
곱게 펼친 주름치마에
음표를 그린다

아침 바다는 황홀한 아티스트

붉은 햇살 퍼지면
저마다 익숙한 손놀림으로 악기를 열고
합주를 시작한다

장엄한 콘서트의
새 악장을 연주한다

## 백담사에서

가을이 깊던 날
단풍 고운
내설악 백담사를 찾았다가
죽어서 돌로 서 있는 이성선李聖善을 만난다

평생을 설악과 함께
그리며 살다가 떠난 시인은
설악의 혼으로 살려낸 시를
돌에 새겨두어
젊어서 문우로 만나
밤새 떠벌리며 막걸리를 마시던
친구의 손을 덥석 잡아준다

가난이 미덕이던 시절
우리의 담론은
언제나 어지러운 세상 얘기였지만
농학도農學徒 성선聖善은 항상
푸른 동해물과 영랑호

설악의 낙락장송을 경작하며
'지옥과 천당을 한 몸에 지닌 자'*의 시를
읊곤 했다

석탑 그늘에서 젊음을 앓던
그의 체취 그대로 인 채
오세암 지나 봉정암
소청 대청에 이르는 길섶을 지키며
만해卍海선생 기침소리만큼이나 애절하게
오가는 이들
가슴을 울리고 있네

* 이성선의 시론

# 시드니의 저녁 산책

오렌지 조각으로 빚은
오페라하우스
캡틴 쿡 선셋 크루즈는
이른 저녁 6시에 출발한다

시드니 내항을 벗어나면서 바라보는
저녁햇살이 이내 야광불빛에 취하여
하버브릿지를 흔들고
크루즈 선내에는 만찬의 연주가 시작된다
나그네에겐
언제나 서글퍼지는 저녁이지만
파도 위에서 즐기는 향연이 사뭇 호사스럽다

지도가 거꾸로 서
남극을 머리에 인 호주에는
세면대 물줄기도 반대로 돈다

달링하버에는 밤마다 불꽃이 터지고
밀슨스포인트에서
연인들의 입맞춤이 황홀하다.

밤이 깊으면 화사한 불꽃으로 타올랐던
하늘이 잠들면서
이내 별무리가 쏟아져 내린다

총독을 기다리던 맥콰리 부인은
항구를 바라보며
아직도
하염없이
연가를 부르고 있다

# 양치기들의 교회

뉴질랜드 남쪽 섬
크라이스트처치 멀리
밀크블루 색 호수가 바다인양
펼쳐있다

언젠가
먼 나라에서 쫓겨 온
양치기들이
만년설 녹아내린 테카포 호숫가에
시린 손 부비며 돌을 다듬어
세 칸도 안 되는
작은 성전聖殿을 지었다네

만년 얼음을 뚫고 나온
마운틴 쿡이
흰 눈 녹여 강으로 흘러흘러
호수에 거꾸로 비치는 곳

작은 십자가 아래
루핀스 꽃 향기 바람에 퍼지고
양치기들의 기도소리가
지금도 들리는 듯

나그네 마음에도
나직하게 그들의 성가聖歌 들려오는 듯

# 마추픽추

와이나픽추는 마추픽추 제일의 젊은 봉우리
그곳에 오르려면
산신들의 허락을 받아야한다.

하늘로 오르는 돌계단마다
숨차게 몰려드는 구름 속에
마추픽추가 숨어있다

쿠스코*에서 울렁거리는 고산증을
코카차로 견디고
우르밤바* 계곡 열차에서 내려
고불고불 아홉구비 거슬러 올라서야
비로소 구름위의 도시를 만난다

수수께끼의 공중나라에는
돌로 다듬어 놓은 삼백년 세월이 멈춰있다
퓨마와 콘도르 형상으로 터를 잡아
바위에 태양을 묶어놓고

샘물 넘쳐흐르게 만든 층계 밭 이랑 이랑마다
옥수수 감자 심어 풍요로운 제사를 지내던
잉카인들의 숨결을 느낀다

하늘을 가린 이츄** 지붕은
바람에 시달려 사라지고 없지만
시민들의 일상을 촘촘히 새겨놓은
보금자리가 구름과 숨바꼭질 하며
지워져가는 수난의 역사를
묵묵히 지키고 있다

이제는 가뭇없이 사라진 잉카제국의 전설은
신에게로 가고파서
돌 창문 스쳐가는 바람에 실려
구름이 되고 다시 노래가 되어
안데스 너머로 힘차게 날아오를
콘도르의 비상을 부르고 있다

* 페루의 지명
** 안데스 고산지대에 자생하는 식물

# 마야를 만나다

## 칸쿤

멕시코 유카탄 반도에
휴양의 섬 칸쿤이 있다.
카리브해 코발트블루의 바다와
눈부시게 흰 모래 사장을 비치는 햇살이
고호의 그림보다 더 강렬하다
원주민 마야인들은 이미
'무지개가 끝나는 곳에 있는 배'*에서
쫓겨난지 오래지만
눈을 뜨면 밀려드는 해조음을 타고
쉴 새 없이 상륙작전을 시도하고 있다

지금은 세상의 호텔들이 모두 모여 저마다 위용을
뽐내고 있는 도시
새벽을 깨우는 물새 떼 울음조차
관광 소음에 묻혀가고 저녁노을마저 문명의 셔터소
리에 찌들어 있다

아름다운 섬 어디에서도
무지개를 따라온
마야인 발자취를 찾을 길 없다

* 칸쿤을 이르는 마야인어

## 마야인을 부르다

갈맷빛 밀림을 헤치고
천년의 고대도시 체첸이사에 가면

누구나 쿠쿨칸 피라미트 앞에서 손뼉을 쳐
마야인을 부른다
피라미트 곳곳에서
승리자의 심장을 제물로 바쳐
신들의 나라로 향했던

잔인한 인간의 역사가 되살아나는 곳

전사 목에서 흐른 피가 용솟음치는
돌무덤에는 영혼만이 살고 있다
용맹한 영혼들은 해마다 밤낮의 길이가 같아지는 날
이 되면
뱀의 형상으로 살아나
가파른 신전 돌계단을 기어오르며
마야의 가쁜 숨결을 되살리고 있다

누구라도 신전을 향해 손뼉을 치면
심장을 갈라내는 죽음조차 자랑스러웠던
용사들의 절규가 제단에서 손들고 나와
증폭된 박수에 응답한다

그 소리가 바닷가
키작은 마야인 오래된 유적지
뚤룸에까지 퍼진다

# 간지스 강 뱃놀이

무질서의 질서를 견디고 종교와 철학의 카오스를 넘어서야 비로소 길이 보이고 그들의 삶을 짐짓 느낄 수 있다
인도印度를 여행하는 것은 차라리 고행이다

세상 사람들이 쉽게 풀지 못하는 일곱 수수께끼 가운데 하나 타지마할을 보자 잔잔한 야무나 강을 따라 은은한 빛을 발하는 하얀 대리석 무덤 샤자왕은 저토록 아름답게 마법의 성을 지어 사랑하는 왕비를 묻어주고는 8년동안 아그라성에 갇혀 있다가 세상을 떠났다지. 삼백년 지나 그들의 무덤은 남루해진 아그라성의 뷰포인트로 남아 안개가 개이기도 전부터 관광객의 지갑을 훔치고 있네

천년 전 달의 신 찬드라가 세운 도시 카주라호에 보름달이 차오르면 왕들은 신하의 여자들을 희롱하고 탐닉하였다 왕에게 묶여 밤을 보냈던 여인들이 풀려나 흙으로 빚어진 탑이 되었다 꼭대기까지 차곡차곡

새겨진 19금 성희 조각은 사람들 뿐 아니라 갖가지
동물들과의 에로틱한 48자세로 빼곡한데 천년 지나
도록 버티고 있는 미투나상은 부끄러움 모르고 사는
현대인조차 얼굴을 화끈 달아오르게 한다

코끼리 등에 실려 암브라성을 살피고
깡마른 인력거꾼이 끄는 릭샤에 실려
인도와 차도가 따로 없는 커리빛 도시를 헤집고 다
니면서
바라나시
간지스강 뱃놀이를 즐긴다

인도의 문을 들어서면서부터 겪는 카오스

미로를 찾아다니는
인생은 역시 고행이다

# 노르웨이 숲

호수에 갇힌 하늘이
물안개로 피어오른다.
천년을 숨어 살아온
숲의 요정이
백야에 시달려 잠을 설친 들꽃을 깨우며
진한 향기에 취해 눈을 비빈다

우리가 살아온 평생보다 더 길고도 긴
세월동안 흘러내린 여울이
어느새 태고를 간직한
빙하를 녹여 호수에 이르고 있다

노르웨이 숲은
항상 절제의 시간이 통치하고 있다
봄이 되면
아침이슬은 살가운 꽃이 되고
잎을 피운 나무로 무럭무럭 자라
하늘을 가린다

세상을 휘돌아온 바람도
숲의 정적 앞에서
비로소 고달픈 방랑을 멈추지

나무들은 겨울에도
시린 바람이 떨군 잎을
다시 피우기 위해
끊임없이 힘찬 勞役을 시작한다
소리로 들리진 않지만 싱그러운 합성으로
출발하는 숲의 역사

노르웨이 숲은
지금도 화려한 리듬에 맞춰 춤추고 있다

# 우로스 섬

해발 삼천팔백미터
하늘아래 가장 높은 호수 티티카카에는
우로스 섬*이 떠있다

그곳 사람들은
다섯 평 쯤 갈대로 엮은 섬 위에서 잠을 자고
밥을 먹고 사랑을 하고 아이를 낳는다

토토라 갈대 배를 타고
열 평짜리 섬에 있는 상점에 가고
돌아와 낚시질하고 화초를 기르고
갈대 집 마당에서 공놀이 하다가
말린 갈대로 저녁밥을 짓고 TV를 보다 잠든다

말 안 듣는 자식은 섬을 잘라 내쫓아 버린다
분가 당한 아들은 갈대를 베어 새 섬을 만들고
어여쁜 사랑을 만나서 독립을 선언하며
만세 만만세 외친다

보름달 뜨는 저녁에는 섬들이 모여
나팔 불고 북을 울리는 축제도 연다

하늘 아래 가장 높고 너른 호수
티티카카에는 우로스 섬 떠 있고
갈대로 엮은 섬에서는
지금도 사랑이 싹트고
독립만세를 부르며
아이들이 자라고 있다

* 페루 티티카카 호수에 있는 섬

# 포카리 日出

히말라야 사랑곳*에서
일출은 서쪽으로부터 시작 된다
신들이 사는 나라의 아침을 맞으러
새벽 잠 설치고 지는 달빛 더듬어 올라선
전망대
여명 안개 속 은하수 같던
포카리* 마을 불빛은 아직 졸고 있다

서서히 능선으로 나타나는 산그리메
소용돌이치듯 운해를 거둬내고
붉은색 구름위로 둥실둥실 떠오르는 연봉들이
푸른색을 벗어 버린다
이윽고
마차푸차레봉** 내 머리위로 불끈 솟아 오른다
신들의 봉우리에 반사되는 황금빛 햇빛이
솔로몬 방패보다 눈부시다
종교보다 거룩하고 축제보다 황홀한 일출의식에
우리 모두 말을 잊었다

축제 마친 안나프르나 연봉들은
포카리 호수로 내려가 뱃놀이를 즐긴다
뱃전에서 보면
마차푸차레 정수리가 이마에 닿는 듯 하고
코발트블루 하늘에
오색으로 나부끼는 룽다 타르초***
진리가 바람을 타고 날아 세상에 널리 퍼지라는
신들의 소원을 빌고 있었다

* **사랑곳·포카리** : 네팔의 지명
** **마타푸차레** : 히말라야 봉우리 해발 6,993미터
*** **룽다(風馬) 파르초** : 종교적 소원을 상징하는 오색 깃발

# 여름궁전의 애국가

상 페테르부르크
여름궁전 화려한 정원에
애국가가 울려 퍼진다
초라한 악사樂士는 분수 물보라 사이에
모자를 벗어놓고
위대한 대한민국 나그네에게
'원 달러' 적선을 호소한다

표또르 대제가 동상에서 내려다보며
안쓰럽게 웃고 있다

모스크바 아라바트 거리
붉은 벽에는 배달민족의 피를 받은
빅토르최가 아직도 살아서 기타를 치며
러시아 젊은이들과 함께
자유의 노래를 부르고 있다

맥도날드 햄버거 간판보다 백배쯤 되는
한글 네온사인이 거리에 가득하고
크렘린궁전 가는 길목마다
메이드인 코리아가 힘차게 달린다

러시아
그 깊은 곳까지 흐르는
아리랑가락에
어깨춤이 절로 난다

# 아 아프리카

- 케냐에서

볼프강 아마데우스 모차르트 나직한 클라리넷 협주곡이 흐르는 케냐 세렝게티 들판에 서면 나도 모르게 고래고래 고함치고 싶어진다 가슴에 불이 붙는다 호모 사피엔스가 나타나기도 훨씬 전 두 발로 서서 걸음마를 시작한 오스트랄로피테쿠스가 갈대밭 가시나무 넝쿨을 헤치고 성큼성큼 걸어 나오고 어른 키 만큼 높은 흰개미 흙집에서 개미 알을 훔치려는 포식자들은 줄을 서서 저마다 차례를 기다리고 있다 적자생존 약육강식의 현장이다 동물의 왕국에서 힘과 본능의 질서는 정연하다

세렝게티 마사이마라 국립공원은 공원이 아니라 나라이다 동물의 세계에는 국경이 없다
아프리카 사파리는 BIG5를 찾아다니는 숨바꼭질 사자와 코끼리 표범과 코뿔소 버팔로를 만나는 여정이다
루우와 카젤 얼룩말 임파라 펠리칸 플라맹고와 이름 모를 새들... 종족보존과 생존을 위해 목숨을 건 전사

들 삶의 현장을 보는 것이다 인류 조상의 땅에 들어가 망원렌즈로 선조들의 생존경쟁에 적나라하게 참여하는 것이다
동물의 세계를 안내하는 사람들은 마사이족 붉은 망토에 나무지팡이를 들고 높이뛰기로 용맹을 뽐내던 전사들이 21세기에 환생하여 사파리 카를 몰고 롯지의 정문을 지키며 비바 아프리카를 판매하고 있다

만야라 공원에선 수 만마리 플라밍고의 분홍색 퍼레이드 펠리칸 군무가 하늘과 호수 가득히 펼쳐진다 응고옹고로의 악어고기나 임파라 스테이크는 좋은 안주감이다

검은 도시 나이로비로 돌아오면 모차르트를 다시 만난다 밀림 속 발코니에 마주앉아 어느 여인의 기구한 사랑 이야기를 와인 잔에 담아 거푸 비우고 있다

# 5부

# 童話詩篇

## 山

장엄도 하거니와 점잖기 그지없다
너른 땅 디디고서 서있는 그 자태가
하늘을 바치고 섰으니
장관인가 하노라

말없는 얼굴로는
대륙을 굽어보고
힘차게 솟은 팔로
대기를 휘잡으니
그 정기 북돋아 올라
이 강산을 지킨다

굽이친 골짜기로 맑은 물 흘려내고
거대한 몸으로는 대자연 길러주니
그 은공 그지없어라 산이라고 일러라

(1961. 성북고 백일장; 백철 이어령 저 고교 표준작문)

# 갈잎의 노래

어쩌면
울어버릴 것 같은 鄕愁

푸라타나스 잎이
누렇고
試鍊을 닦든 푸르름이
흙에 묻힌다.

정녕 외로웠다면
더 푸른 하늘

어제는 그처럼 꿈 많은
너였는데

갈색 바람은
이처럼 처절한
갈잎의 하소연인가

(1961. 학교신문 게원)

# 상실이후

가을 하늘이 깊어
내 뜨락에 가슴처럼 공허한 달이 비치네

새벽 열차 떠나버린
역두의 시그널.
가버린 친구가 목마르게 그리워
귀향을 잃은 메아리는
멀리 한기어린 웃음을 내 쏘며
바랄 수 없는 마음에 안겨
그리움으로 익어 가고

오후가 생성되는 파아란 화첩 위에
누나처럼 정답던 미소가
썰물 되어 떠난 후
다시
오후에 앉으면

그냥 열어둔 창 사이에
수많은 밀어가 보금하여
이끼 도는 가을은
낙엽처럼 울고 있네

(1964. 고대 문과대학보 5집)

# 누이의 房은

사뭇 向日하는 갈등과 慾望을 삼키며 다시 정겨운
내 누이의 방문을 열다

잎이 져 초라한 裸木들 사이에서
꽃은 허허로이 웃음지우며
거추장스런 장식에 눌려
마음은 오후처럼 기지갤 펴고

가을 드리운 창살을 잡고 오랜 고독 속에서
길기도 한 祈求僧의 푸념 같은 密語를 전설하면서
神話를 삼키면서
무수한 刹那의 모습을 찾아 이제 밝기도 한 거울 앞
에 서다.
찬란한 아침햇살을 받아두어 언제나 생생한 순결이
오가는
내 누이의 방은 남향 窓
여기 찾아온 나는 추방된 거리의 喇叭手라네

어젯날 참한 소녀의 눈매를 무척이나
무척이나 그리다가 방황하는 기류 속에
내 미약한 체온을 담그며
가슴에 안겨드는 무한한 의미는 상실한 채
이제야 비로소 사랑을 보았네

오롯이 앉아 오래오래 기도를
더 미소를 나누어주는 내 누이
누이의 방엔 푸른 커튼
언제나 추억어린 노래들이 흐르는데

나는 언제나 추방된 거리의 나팔수가 되네

이제야 붉게 꽃피워야할 자세로 체념 아닌 가슴으로
소담스레 피워낼 장미는 여기에 꽂아두자
내 붉은 薔薇가 여기 남아있도록

(1964. 국문학 8집)

## 제 5계절

– ZERO 지대에서

음악으로 피어오르는 무수한 젊음을 새기며
오래도록 말하지 못한 세월을 속이며
내 파리한 피부에 접근되어온 아픈 사랑 속에서도
차가운 하늘 별은 아직도 빛나고 있는가

꽃잎 倉皇히 흩날려버린 후에도 아스라이 피어나는
향기 있어

나 아직 어렸을 시절 노래는 밤에 흐르고
그 먼 날들에도 쉴 새 없이
툰드라의 傳說을 내리네

바다가 울꺽 울꺽 추억을 토하며
해일을 만들 때
沈黙으로 凝結된 가슴이 울먹이며 暴死하고 있었다

그 새벽 조각난 별빛을 받아
고운 사랑을 접으면

내게도 마음씨 고운 여인이 있어

우린 함께 무변의 지역을 표류하고 있는 것일까

(1965. 동국대 축제 시화전)

# 江 가에서

천년을 살다
지친
鶴이

이 강변에 눕다

무수히
쏟아져 내리는
神話 속에서
내가
성장하고

꽃 따라 피는 季節에 속아
강물은 멀리도
흐른다

(1965. 4. 고대신문, 석탑축전 시화전)

# 意志의 날개로

- 고대 개교61주년 頌

그리하여
精巧로운 音樂으로
다시 피어나는 젊은 叡智

정말이지 우리가 가졌던 건
가난뿐이 깃든 마음과
정둘 곳
바이없었던 世上

도무지 意志만이 充滿되는
우리의 血管을 脈脈히 흐르는
아
이제도 높으신
忠肅公, 義庵, 仁村선생

언제나
飛翔의 塔으로 설 우리
다시 5월을 맞는다.

젊은 예지의 나무로 꽃을 피워
힘찬 樂器로 福音을 演奏할지니라.

이제
우리 모두 손을 잡고 일어나자
그리하여
우리 모두가
정교로운 音樂으로

喊聲으로
일어서자

(1966. 5. 고대 신문)

# 童話詩篇

자존하는 純粹의 음계로
가끔
피곤한 內面에 싱그럽게 영그는 음악

가만히 눈 감고 앉으면
서글플 것 바이없던 시절인데

차라리 조그맣게 웃고 싶은
素朴함으로
소용없는 詩를 읽는다

음악으로 피고 싶은 바램일랑
차마 정겨운 鄕愁

지금은 遮陽의 뒤안으로
지친 세월에 밀리우는

나의 賤한 微笑가 슬프다

(1966. 11. 4개대학 문학제. 숙대강당)

# 歸路

結局은
깊은 신앙일 수밖에 없는
우리들의 臨終을

리몬
지금 나의 모두는
싱그러운 음악을 빨며 무너지는 內部를 버혀
흐느끼는 시간을 耕作한다

必然
목마른 슬픔의 習慣으로
遮斷된 풍경을 익히며 가볍게 振動하던 그런 날
날마다
날마다 한 盞씩 들이키는
향기 있는 純粹의 果汁으로
알맞게 성숙시켜온
나의 寢室에서

리몬

나의 커다란 바램으로 묻어나

疲困조차 사라진

녹색 정원의 아침과

노을 고운 저녁과

餘念없이 살다가

喜悅도 없이

荒凉한 戰地로 돌아오는 寂寥한 새벽.

여울이 넘쳐 흐르는

땅으로

리몬

너의 곳으로 나는 주검처럼 돌아온다.

편역된 시절에

편집된 낭만을 안고

(1966. 10. 고대신문)

# 臥床吟

낮에 잔뜩 기지갤 폈던 내 그림자
더불어 街里에 하나 남은 螢光外燈 깜박 꺼지고
또 밤은 내게 내리고

街路樹 가지 새로 연한 바람이 별을 뿌리면서
고층건물 옆으로 비껴간다.
하늘로 뻗힌 손가락 끝으로 도르르 말려오는
記憶을 잡으면

銀河는 잇닿은 세월을 그리고
소슬한 바람 따라
鐘路ㅅ 길 醉해 걷다가
어제는
기-인 邂逅를 따라 쉬 이울지 않는 回憶을 따라
내가 따라 간 곳은
내 어린 시절이 아니라 고통스레 찢기운 信念보다도
처절한 목마름이
마구 솟아나고 있던 샘터

太古의 靈魂을 손에 잡는 신비랄까
香을 사르는 인간의 무지

絃樂器의 따가운 音律이
아픈 밤의 詩가 되면
난 정녕 太陽의 歷史를 모르거늘

煩悶의 심장은 타서 피를 吐한다
피를 토한다

(1965. 고대신문)

## 山中小曲

### 朝霞謠

산 겹겹
돌아들어 물소리

靑山에 아침이 되면

안개 퍼지는 여울마다
보석 구르는 소리

화안하게
아침 햇살 퍼진다

### 가을엽서

오렴
단풍 들면

밝은 얼굴로 오렴

난
맑은 산골 물소리
더불어 너를 맞고

좋이 씻은
과일 벗기어
오랜 얘길 나누며

山寺에 가자
우리 함께
禪하는 표정 다듬어
정겨운 노랠 짓고

산이 부르는 노래에 맞춰

오렴

단풍 들면
밝은 얼굴로

(1967. 10. 전우신문)

# 안으로만 피는 밝은 불씨를

– 졸업축시

내 안에서
무수히도 많은 꽃씨를 받으며 살던 少年期.

참으로 긴 해후의 버릇으로
전설같이 믿음의 세상을 살았네

무엇이었을까
항시 숨기지 못한 표정으로
더 많은 걸 잃어도 끝내 찾아내지 못한
신비의 것은

언제쯤엔가
깃 잃을 철새의 울음 같은 회상으로
봄을 보내고
다시 꽃씨 받으며 가을을 살아
가늘게 蘇生하여
얼마만큼 성장했어야할 나의 體溫이

풍부하지 못한 세상의 언저리에서
윤택하지 못한 세월을 속이며
믿음도 믿기움도 없는 祈禱로, 知慧로
거칠어진 살갗을 갉아
汚物 많은 도시의 변두리
해묵은 악기에 취하는
내 익숙하지 못한 情緖여

거리에 나서 우연히 만난 세월을 따라
내 안에서 피는 불씨는
계단처럼 쌓여 권태로운 城의 塔이 되고
탑 속에서 탑의 불씨를 키우는 버릇으로
순수의 무리를 부르며

이제 盞을 채우리
끈덕진 意志의 肖像으로
축제의 合唱을 울리리

뜨거운 愛撫를 기억하며
내 신앙의 술을 따르고

祝杯를 들리라
叡智와 情念을 살려
안에서 피는 밝은 불씨를 지펴
可能만이 있는
가능만이 있는 세상을 살리라

축배를 들리라
젊은 熱氣로 뿜어낼
불씨를 모으며
우리 모두 손을 잡으며...

(1967. 2. 고대신문)

## 램프를 켜고

그건
情念의 가지 끝에 머무는
感性의 破片
아니 아니야
저녁마다 나직하게 드리우는 안개
속을 더듬어
내
回想의 나래 끝에 나풀거리는
나긋한 音樂일른지 몰라

날마다
날마다 부대끼며 사는
거리를 돌아

宗教보다
거룩한 表情을 익히는 우리는
가난한 詩神

季節 이우(沒)는
窓가에
귀 기우리며
손을 모으며
들리는 것
바이없는 空間으로

램프를 켜고
心像의 텅 빈 花盆에
靜寂의 樂器를 가꾸는
나의
祈禱는 또 무엇일까

(1968. 6. 고대문화 9집)

‘시는 불완전하고 한계를 가진 언어로써 끊임없이 현존의 진실에 다가가려는 접근의 수단’이라고 본느푸아(yves bonne-foy)는 시론에서 정의하고 있다.

그의 시 ‘미완성이 정상(頂上)이다’에서 이 같은 이론을 가늠할 수 있다.

깨뜨리고 깨뜨리고 또 깨뜨려야만 했던 일이 있었다.
구원이란 이 대가를 치러야만 얻어지던 일이 있었다.

대리석 안에 떠오르는 나체의 얼굴을 파괴하는 일
모든 형태 모든 아름다움을 망치로 깨뜨리는 일.

완성이란 문턱인 까닭에 이를 사랑하는 것
그러나 알려지면 곧 이를 부정하고 죽으면
곧 이를 잊어버리는 것.
미완성이 정상이다.

林溫 서병준을 보면서 이같은 시론을 다시 음미하게 된다. 그는 학부시절부터 열정적 문학활동을 해온 시인이었다. 전

문언론에서 사회생활을 시작하였고, 36년간 한 직장을 지키면서 민완기자로서 활약하여 명성을 높였으며 은퇴 후에는 서예에 심취하여 꾸준히 작품 활동을 해온 것으로 알고 있는데 이번에 오랜 침묵을 깨고 시집을 상재한다는 소식을 듣고 학부시절 문학청년으로 만난 인연으로 평생 미완성으로 남겨두었던 그의 시심을 다시 대할 수 있게 되어 반가운 마음 감출 길이 없다.

영혼의 질서를 향한 그리움인 시는 언어의 꿈으로 쓰는 것이지 그냥 쓰여지는 것이 아니기에 희수에 이르러 시집을 엮는다는 것은 나름 큰 의미가 있는 것이다.

서병준의 작품을 대하면서 학창시절의 작품과 달리 이후의 작품에서는 영혼의 호흡과 시적 달관의 경지에 다다르고 있음을 가늠할 수 있었다.

다양한 사회경험과 노숙한 사고에서 비롯된 사물에 대한 관점이 작품 곳곳에서 발견되고 있다.

계절의 변화, 세월의 흐름을 세밀한 눈으로 비쳐보고 풀어낸 수많은 감회가 녹아나고 있다.

주목하여 본 몇 작품을 중심으로 살펴본다.

민들레 꽃술 사이에 숨었다가 / 그림자에게 들켜 술래가 되었다(봄 꿈을 꾸다)는 그가 익숙하게 아는 것에 대한 시적인 것의 발견이다.

해거름녘 / 여울에 비친 저녁 햇살이 / 욜랑거리며 / 유년의 기억을 / 사부작 사부작 / 흔들고 있네(저녁풍경)는 절묘한 상황 인식을 재치있게 표현하고 있으며

하늘에는 / 무슨 설움이 그리도 많아 / 눅눅한 사흘 낮 밤을 / 저리도 / 서럽게 울부짖고 있을까(장마)처럼 독특한 상상력을 보여주고 있다.

하늘 가득히 / 광란의 몸짓으로 춤추며 / 검푸른 바다로 장렬하게 자결하는 / 순백의 전사들(눈)은 이미지들이 교차되는 순간의 묘사가 절묘하다.

그 새벽 조각난 별빛을 받아 / 고운 사랑을 접으면(제 5계절)

에서 시혼의 황금률이 빛을 발한다.

그리고 역작이 돋보이는 기행시를 양산하고 있는데 그 무대는 호주, 뉴질랜드, 남미, 인도, 노르웨이, 네팔, 러시아, 케냐 등으로 세계적인 이국 풍물을 산뜻하게 형상화하고 있어 인상적이었다.

과거 대학신문과 학회지에 실렸던 시에서도, 그 나름의 시세계를 엿볼 수 있어 새삼 향수를 느끼게 한다.

이번에 상재되는 시집 '동화시편'의 시들이 '미완성'을 정상으로 만들어 가는 대기만성의 면모를 보여주게 될 좋은 사례가 될 것으로 기대하며 다시 점화된 시심으로 더욱 왕성한 창작활동을 이어가기를 바라마지않는다.

**松籟 林武正** (문학평론가, 국제문예 주간)

온북스
ONBOOKS